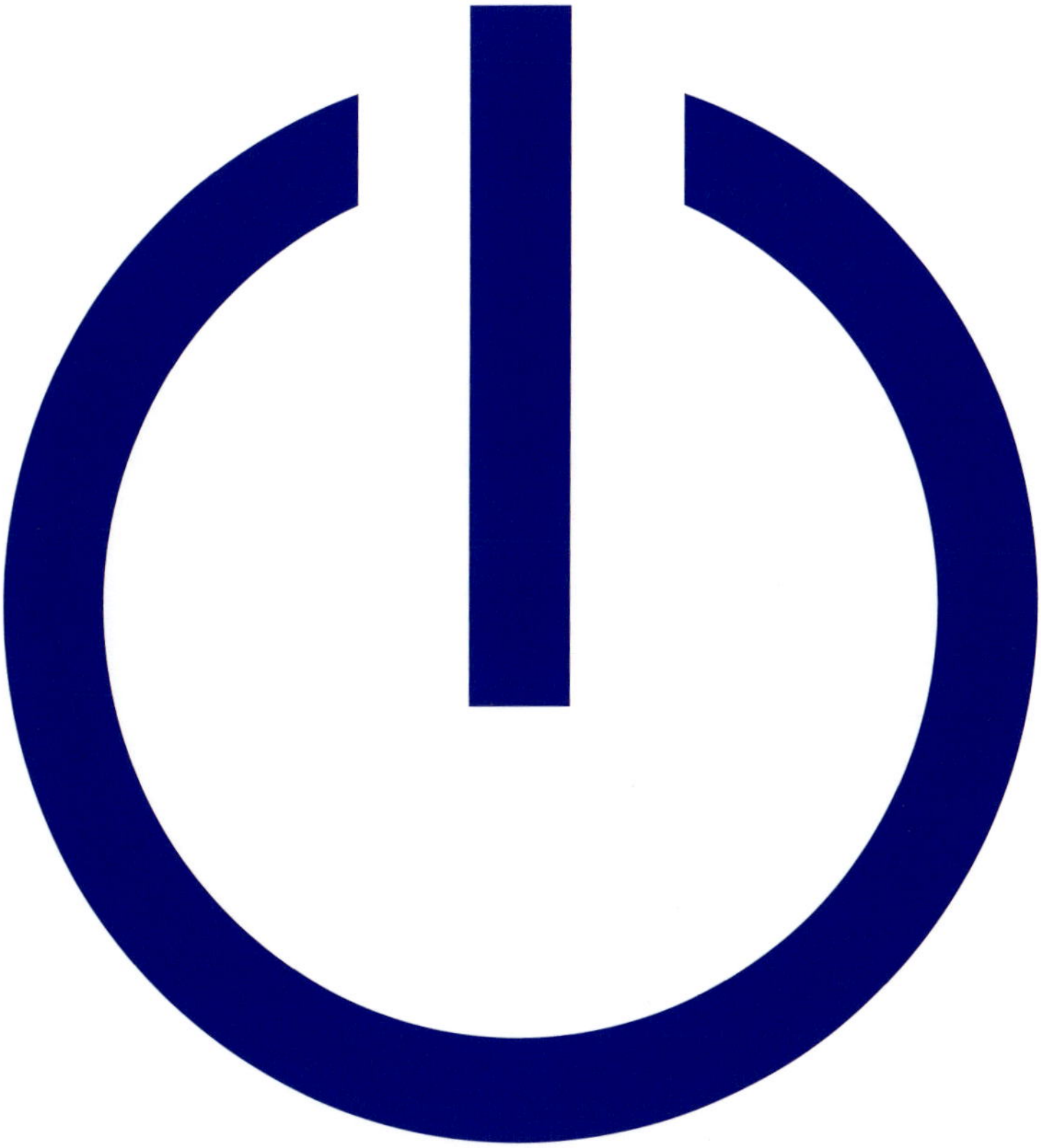

sanctuary books

SWITCH OF SPIRIT
WORKSHOP

sanctuary books

君はこのままでいいのか？
もっとやる気を出せ！

この本は、そういう本ではありません。

やる気はあるんです。

ただ続かないだけなんです。

どうしてなんでしょうか？

という疑問について、やる気の専門家たち（脳機能学者、メンタルコーチ、スポーツ選手、経営コンサルタントなど）から受け取った知識と知恵を、あなたと、あなたのまわりにいるみんながすぐに使えるようにやさしく、すこしずつ解説していく本です。

やる気のスイッチ！

実践セミナー

昨日のやる気を、今日出せない人へ。

SWITCH

CONTENTS

使い方 015

プロローグ 017

■スイッチ1　最近うれしかったことはなに？ 020

セルフイメージ　自分らしさは、自分が決めている。 025

■スイッチ2　最近できなかったことはなに？ 036

ホメオスタシス　今までの自分が大好き。元に戻りたい。 041

スコトーマ　見えているようで、ほとんど見えていない。 051

メンタルブロック　わたしらしさの壁を壊す。起きてほしいことだけを心に描く。 059

■スイッチ3　いままでの人生で誇らしかった出来事はなに？ 061

■スイッチ4　かならず成功するなら、なにをしたい？ 064

■スイッチ5　あなたの能力に限界がないとしたら、今年なにを達成したい？ 068

■スイッチ6　かならずOKをもらえるとしたら、誰になにをお願いしたい？　070

セルフイメージの書き換え①　ぶっ飛んだ夢　079

■スイッチ7　あなたの役割はなに？　081

■スイッチ8　あなたにとっての〝ぶっ飛んだ夢〟はなに？　088

セルフイメージの書き換え②　成功する鳥は群れをなして飛ぶ　093

■スイッチ9　あなたが気にする10人は誰？　096

■スイッチ10　もう一度聞きます。あなたが気にする10人は誰？　099

■スイッチ11　いままでの人生でひどかった出来事はなに？　104

■スイッチ12　誰にどんな感謝をする？　108

■スイッチ13　なにをすべき？　110

やる気のスイッチ！ 実践セミナー

HOW TO USE

【この本の楽しみ方】

ふつうに読んでも楽しめます。でもひと手間をかけることで、
より深く自分の〝やる気〟について知ることができます。

【ひとりで】

① 紙とペンを用意してください。

② この本を読んでください。

③ 本を読んでいると、途中で質問が出てきます。
質問の答えを紙に書いてください。

【ふたり以上で】

① 紙とペンを人数分用意してください

② 身近にいる誰かを誘ってください。

③ この本を読んでください。

④ 本を読んでいると、途中で質問が出てきます。
みんなで質問の答えを紙に書いてください。

⑤ 書き終えたらお互いに発表し合ってください。

※ふたり以上でおこなうとより高い効果が得られます。
また相手が " 初対面の人 " や " あまりよく知らない人 "
ほど効果があるようです。

SWITCH OF SPIRIT
WORKSHOP

Prologue

やる気は「続くものだ！」と思っていると続きません。

「今はこんな気持ちだけど、この気持ちはいつか消えるよね」

と気づいている人だけが、やる気を長続きさせることができます。


恋愛もそうです。

「こんなに好きだから。絶対間違いない！」

と自分の感情を信じる人は、感情が変わったときが別れのタイミングです。

一方で、好きだという気持ちをキープできる人は、

「今はこんなに好きだけど、感情はだんだん変わるものだから」

ということを知っています。


気分というものはとらえどころがありません。

「私ダイエットする！　……このケーキを食べ終えたら」

「勉強するぞー！　……あ、今日は観たいテレビがあるから明日以降っ！」

というふうに目の前の誘惑に負けてしまう。

この一瞬ですら思いどおりにならないわけだから、人生を思いどおりに動かすのはむず

かしそうです。

やる気は自分の中にあるのに、なかなか自由にコントロールさせてもらえません。

誰もがそうです。

いいことが起こると、やる気が出る。

悪いことが起こると、やる気をなくす。

いつも外で起きていることに反応しています。

だからなにも工夫をしなければ、やる気は「自分のまわりで起きた出来事」に左右され続けることになります。

でもつねにエネルギッシュで、大きなことをどんどん成し遂げている人は、気分に左右されるのではなく、気分を意図的に左右する方法を知っています。

簡単な方法をひとつご紹介しましょう。

SWITCH 1

最近うれしかったことはなに？

紙とペンをご用意ください。

時間の目安3分
（ストップウォッチをご用意ください）

【ひとりで】

1　最近うれしかったことを3つ、紙に書く。

2　それぞれ、どんな風にうれしかったか考える。

※「最近」で思い当たらなければ、いつの出来事でもかまいません。

【ふたり以上で】

1　最近うれしかったことを3つ、紙に書く。

2　ひとり、ひとつずつ発表していく。

3　聞き手はまるで目の前で奇跡が起きているような、おどろきの目、耳、心で聞く。

※会議や打ち合わせの前にやると効果的！

Happy!
Happy?

これは気分を意図的に上げる方法のひとつです。

「最近うれしかったことある？」

「え？　そんなのないよ。……あ！　そう言えば」

というところから会話をはじめてみると、お互いが3つずつ答えたころには、場にいる全員がえも言われぬ心の状態になっているはずです。

うれしかったことを拾い集める。

こんなちょっとしたことで、お互いが持ち味を最大限発揮できる心の状態になり、いいアイディアもばんばん出やすくなります。

みんなで集まって「あーなんか今日ノリ悪いなー」と思ったとき、ぜひためしてみてください。

このようになにかをはじめる前に、ちょっとだけ意識を変えるための工夫をする。

それで、今までとはまるでちがった真実が見えてくるのです。

それではやる気が出る仕組みについて、

1　セルフイメージ
2　ホメオスタシス
3　スコトーマ

この3つの言葉を使って説明していきたいと思います。

まず〈セルフイメージ〉を書き換える。すると〈ホメオスタシス〉の力によって、努力感なく大きな目標を達成することができます。同時に〈スコトーマ〉がはずれるので、もともとないと思っていた人脈、方法、アイディア、お金などは自然にわいてくるように手に入ることでしょう。

?

セルフイメージ、ホメオスタシス、スコトーマ。


どれもあまり耳慣れない言葉かもしれません。

でもこの本を最後まで読んでいただければほとんどの人が
「あーわかるわかる、それなんども経験してる」

「いつもやる気をなくしちゃうのは、その仕組みのせいかー」

「でもたったそれだけのことで夢が叶うなんて不思議」

と感じていただけるはずです。

SWITCH OF SPIRIT
WORKSHOP

セルフイメージ

自分らしさは、自分が決めている。

ぼくたちの人生には、リアルで、確かで、間違いのないものなんてひとつも存在しません。ある出来事が起こると脳がその出来事を編集加工し、データ化しますが、そのデータのことを、ぼくたちは便宜上「人生」とか「経験」と呼んでいます。それだけのことです。

同窓会に行き、同級生たちと何十年ぶりかに会いました。

あのころはああだったねーと昔のことを語り合うのは楽しいものです。

ところがときどき自分の過去に対する認識が、〝ものすごく〟間違っていたことに気づかされることがあります。

「あのとき、こうだったよねー」

「ちがうよ」

「ウソ？　こうだったじゃん」

「絶対ちがうって！　うそだと思ったらあいつに直接聞いてごらんよ」

「え？　そうだったの？　うわーおれの過去を変えないでー！」

自分の中では確固たる事実として認識されていたのに、それがとんでもない勘違いだったとわかる瞬間です。

「あいつ、おまえのこと好きだったんだよ」

「マジで！　あのとき言ってほしかったよ……おれ、嫌われてると思ってたよ」

「おまえの前だと照れて、目も合わせられなかったんだよ」


このように、過去のデータには間違って認識されている点がたくさんあります。

そんな過去を参考にして、未来を決めるというのはなんてあやういことでしょうか。

とんでもなく古いカーナビを頼りに知らない道を運転しているようなものです。


それでもぼくたちは過去にとらわれています。

これまでに「うまくいったこと」「まあまあだったこと」「ダメだったこと」といった過去の影響をつねに受けています。

今、あなたの目の前には無数の選択肢があります。

そして自分の好きな未来を自由に選ぶことができます。

ところが、過去「ダメだったこと」はすでに選択肢からはずされています。

ある年齢に達したころから、〝はずし続けてきた〟からです。

たとえばこんなのはどうでしょう。

子どものころ、音楽の授業で合唱したらあなただけ音痴だと笑われた。

母親からは「つらかったら、口パクにしておきなさい」と言われた。

就職して付き合いでカラオケに行ったら、下手すぎて上司に笑われた。

するともう歌わない。カラオケの誘いがあっても、反射的に「おれは帰るわ」という言葉が出てくる。もうこの人は二度と、人生の中で〝人前で歌うこと〟を選択しません。

いくつかミスを重ねてきたから、パスをする。

反対に、かつて〝うまくいったこと〟に対する信頼をますます強めます。

つまり**〝過去の最適化〟**をしているのです。

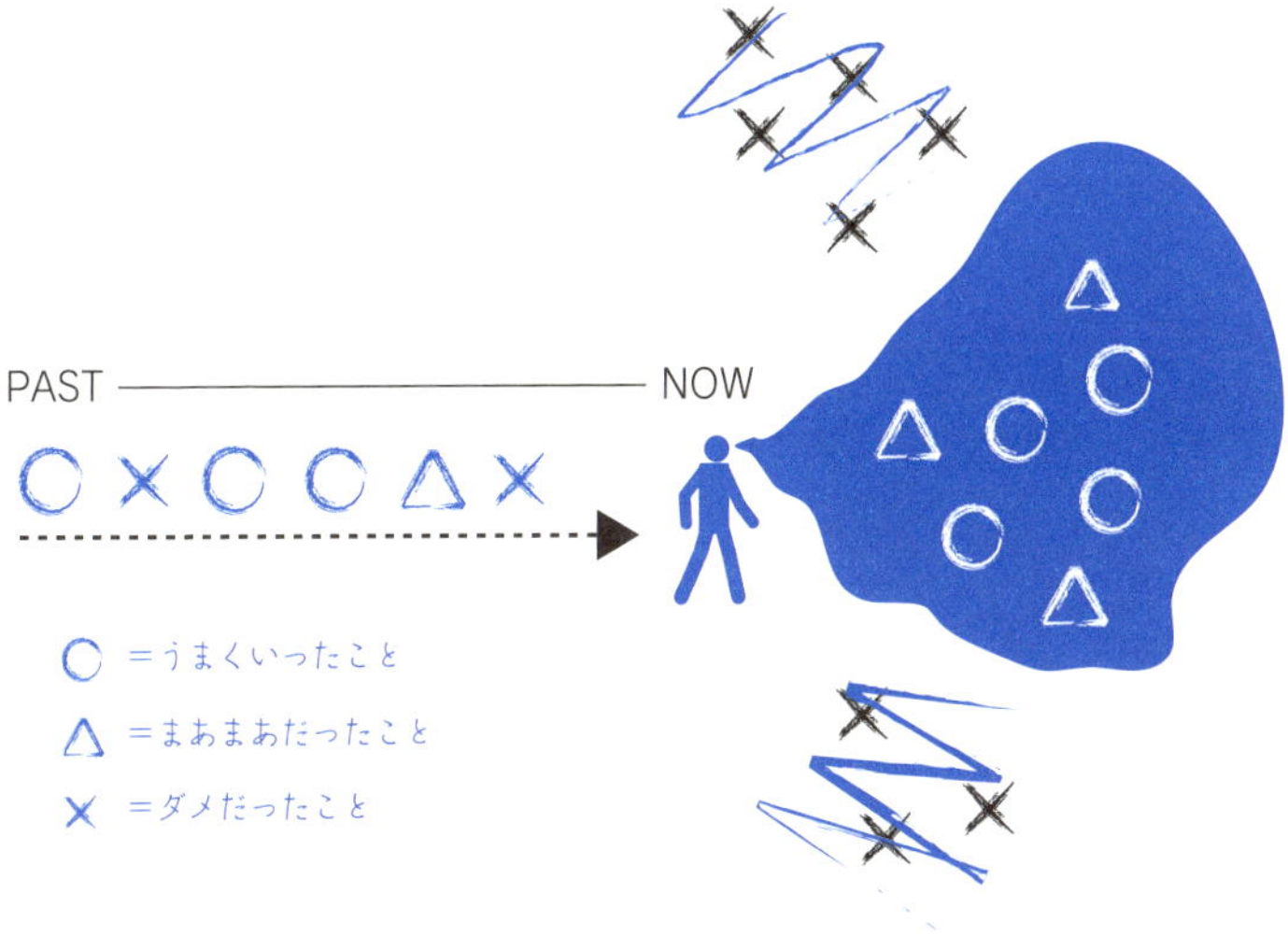
PAST
NOW
○＝うまくいったこと
△＝まあまあだったこと
×＝ダメだったこと

わたしは、だいたいこの程度だな。
あの人ほどすばらしくはない。
でも、あの人よりマシだ。

こんなふうに、自分のことを限定しているもの。

心の一番奥底で、
自分は自分のことをどう思っているのか？
自分は自分にどういう評価を与えているのか？
過去に縛られながら、自分のことをどんどん限定していった。
自分はこれ以上ではない。自分はそれ以下でもない。
この幅こそが、自分なんだ。

それを〈セルフイメージ〉と言います。

セルフイメージは誰もが、仕事、家族、趣味、人間関係、健康……すべてのことに対して持っています。


たとえばランチ。

コンビニのおにぎりだけで済ますのは嫌だけど、さすがに１５００円以上出すのはちょっと。

これはランチに関するセルフイメージです。食事内容うんぬんではなく、自分が自分にあたえているランチのイメージを、つねに判断し、自分なりに表現しているわけです。

○○以上でもなく、○○以下でもない。
範囲を限定することによって、あなたは自分の個性を表現しています。

この範囲のことをコンフォートゾーン（心地よい場所）と言いますが、その中にいることで人は安心感・安全感を得られます。

セミナーで自分が座りたい席は、いつも「自分」にとってふさわしい場所のはずです。

「なんでこんなに後ろなの？」とがっかりする人もいれば、「なんでこんなに前なの？寝れないじゃん」とがっかりする人もいます。

ＰＴＡの会長にさせられて悩む人もいれば、ＰＴＡの会長になれなくて悩む人もいます。

セルフイメージどおりにいくと居心地がよくて安心です。そこからはずれると不快感があり、気が休まらない。

あなたはいかなるときも、あなたのセルフイメージにふさわしい行動をとります。

そのセルフイメージさえ理想的なものに書き換えることができれば、すべてのことが理想の状態になるんです。

しかしセルフイメージは自分で書き換えようと思っても、なかなかうまく書き換わりません。

それはなぜでしょうか？

ぼくたちが認識できる意識を〝顕在意識〟と言います。

それに対して、**認識できない意識のことを〝潜在意識（無意識）〟**と言います。

ではこの〝顕在意識〟と〝潜在意識〟がぼくたちを支配している割合はどれくらいだと思いますか？

ビット数（※）に換算すると、1秒間あたりなんと140ビット対2万ビットだと言われています。

140人対2万人のケンカだとしたら、つねに〝潜在意識〟の圧勝です。

この潜在意識には、「つねに最善・最良を選ぶ」という癖があります。

今のあなたは、生まれてから今日まで〝最善・最良〟を選び続けてきた結果なのです。

「これが最善？」と嘆かないでください。

最善とは言っても、意識していることに対して最善なのではなく、無意識、つまり「自分が腹の底の底の一番奥底で思っていること」に対して最善を選んできているのです。

人間はすごい。

自分が心の底で思っていることを、つねに寸分たがわず完璧に実現しているんですから。
太っている人は「やせたい」と言っても、
潜在意識は「好きなものを食いてえんだ!!!」と言っています。
彼氏がいない人は「誰かいい人いたら紹介してほしい」と言っても、
潜在意識は「面倒くさいんだよ!!!」と言っています。

勝ち目はありません。

潜在意識は、今のあなたが大好きなんです。
変わりたくないんです。

だから「○○できない」というのは、じつは「○○したくない」「○○しないことを選択している」ということなのです。

※ビット＝情報量の単位。左か右か、0か1か、など全く等確率な二者択一の質問に対する答の持つ情報量が1ビットに相当する。~広辞苑 第五版（岩波書店）より

SWITCH 2

最近できなかったことはなに？

時間の目安1分

【ひとりで】

1　最近できなかった（できていない）ことを紙に書く。

2　それを「〜したくなかった」「〜しないことを、あえて選択している」という表現に書き換える。

（例）

「用事があってパーティーに行けなかった」

↓ 言い換える

「パーティーに行きたくなかった」「パーティーに行かないことを、あえて選択している」

（「いや、そんなことはない！」と心がざらつく感じを味わうことが重要）

【ふたり以上で】

1　最近できなかった（できていない）ことを言う。

2　聞き役の人は「言い換えてください」と言う。

3　「～したくなかった」「～しないことを、あえて選択している」と言い換える。

4　1～3を順番におこなう。

「最近、子どもと遊んでやれてないんだよね」

「言い換えてください」

「子どもと一緒にいたくない。遊ばないことを選択している」


「ダイエットが続かない」

「言い換えてください」

「わたしは食べたい。わたしは太ることを選択している」


それはちがう！

と、心がざらっとしましたか？

その感じを味わうことで、ようやく本当に変えよう、変わろうという気持ちを手に入れることができます。


「〇〇できない」という言葉は、思考を停止させます。それ以上考えようとしません。

だからなにか「できてないな」と思ったら、それは「あー私はやりたくないんだ。そういうことなのね」と気づいてください。

サンクチュアリ出版＝本を読まない人のための出版社

はじめまして。
サンクチュアリ出版 広報部の岩田です。
「本を読まない人のための出版社」…って、なんだソレ！って
思いました？ ありがとうございます。
今から少しだけ自己紹介をさせて下さい。

今、本屋さんに行かない人たちが増えています。
ゲームにアニメ、LINEにfacebook…。
本屋さんに行かなくても、楽しめることはいっぱいあります。

でも、私たちは
「本には人生を変えてしまうほどのすごい力がある。」
そう信じています。

ふと立ち寄った本屋さんで運命の1冊に出会ってしまった時。
衝撃だとか感動だとか、そんな言葉じゃとても表現しきれない程、泣き出しそうな、叫び出しそうな、とんでもない喜びがあります。

この感覚を、ふだん本を読まない人にも
読む楽しさを忘れちゃった人にもいっぱい
味わって欲しい。
だから、私たちは他の出版社がやらない
自分たちだけのやり方で、時間と手間と
愛情をたくさん掛けながら、本を読む
ことの楽しさを伝えていけたらいいなと思っています。

セルフイメージには〝自分にしか変えることができない〟という面白い特徴があります。のちほど書き換えていただくためのワークをやっていただきますが、まずここでは「なるほど、こういうものが現実を作っているのか」と認識していただけたら十分です。

SWITCH OF SPIRIT
WORKSHOP

ホメオスタシス

今までの自分が大好き。元に戻りたい。

「ホメってる」ことに気づけ。

セルフイメージの次は、〈ホメオスタシス〉についてお話しします。

ホメオスタシスとは恒常性、つまり「つねにいつもの状態であろうとする性質」のことです。

体温が上がりすぎると下げるために汗を出し、体温が下がりすぎると上げるためにからだをふるわせます。

そういう機能が自動操縦になっているのは、そのまま放っておくと生命が危機にさらされてしまうからです。

昨日、あなたは生きていました。

昨日と同じ状態なら、今日も生きられる可能性が高い。

だから〝昨日と同じ状態に引き戻そうとする力〟がつねに働いています。

それも身体的なことだけではありません。じつは大脳が発達した人間のホメオスタシスは〝思考的〟なことにも働きかけているのです。

やる気がめちゃめちゃ出てきたー！

という状態についてちょっと考えてみてください。

やる気が出るというのはプラスなことです。

でも昨日までだらだら生きていた人にとっては、異常な精神状態です。

このまま放っておくと、生命が危機にさらされるかもしれない。

異常だ！　と引き戻す力が働きます。

その結果、「ゆうべ、なんであんなに熱くなってたんだろう？」と首をひねることになります。（夢中になって書いた手紙、今年の目標、事業計画書などを、翌日もう一度見直してみて「あれ？」と思った経験はありませんか？）

これもあなたの生命を守るために、ホメオスタシスが機能しているのです。

恋もそうです。

好き。5分、連絡がこないだけで苦しい。

誰と一緒にいるわけ？

こういう精神状態のことを恋と言いますが、ある日突然、その恋の相手がただのおっさん、おばさんにしか見えなくなる瞬間がやってくる。

「あれ？　恋は終わった？　賞味期限が切れた？」

人の心は異常な状態になると、あなたを元の状態に引き戻そうとします。

その力が逆にうまく働くこともあります。

たとえば、

「もうわたし会社やめます！　部長のさっきのひと言で決めました」

「まあまあ、部長もあのときはおまえをだしにして、みんなに大事なことを伝えようと思っただけだから」

「いーや。もう完全にわたしはキレました。絶対やめます！」

翌日。

「おっはよー♪　ひと晩寝たらスッキリしちゃった」

これもホメオスタシスが、その人を元のセルフイメージの範囲まで引き戻している結果です。

やる気を出した。しばらくすると、ガッコーンとやる気をなくした。

そんな心変わりが起こると、決断力がない、自分に甘い、精神力が弱いと、普通は自分を責めてしまいますよね。

でもそれがホメオスタシスの仕業だとわかっていたら、もっと自分の心にやさしくなれます。

あったはずのやる気をなくしたとき、

「あ、ホメってるわ」

というひと言で片付ければいいからです。

（このことを幼いころから知っていれば、すごく楽に生きてこれたはず！）

◇

急にやる気を出すとホメオスタシスが働き、やる気をなくします。
そんなときの対処法をお教えします。

まずは認識すること。

「これはホメってるからだな」と気づくことで、どんどんわいてくる否定的な感情をスルーします。

朝起きて「昨日はえらいことを約束してしまった……」と思った瞬間、まずは「お、これはホメってるねー」と認識する。この否定的な感情はホメオスタシスが作ったものだと気づくだけで、かなり楽になれるはずです。**この否定的な感情はスルーしましょう。**

スルーすることで解決できれば問題なし。

一般的には否定的な感情が出てきたら、それは出すなと言われるものです。
ところがあるとき、友人からこんなことを教わりました。
「押し込まれた感情は心の中で腐り、拡大してしまうから逆効果だ。むしろおおげさに、その感情を出してあげるといい」

拡大して、リリースする。

これはどういうことか？

たとえば「やっぱりやりたくないかも」「ちょっと難しいかも」という感情がわき上がってきたら、おおげさに「やるわけ、なーい！」「絶対できなーい！」と弱音を吐いてみる。

すると、そんなことを言っている自分にだんだん飽きてきます。

お酒を飲みすぎて気持ち悪くなったら、いったん吐いてみればいい。嫌なものは止めずに、出してあげれば楽になれます。

だからもしも近くにホメっている人がいたら

「そんな弱気なこと言わないで、もっとがんばろうよ」ではなく、

「その感情を出してみて。もっとおおげさに言ってみて」という姿勢で話を聞いてあげましょう。

脳は急激な変化を嫌います。

だからやる気が出ても、一気に出そうとせず、じょじょに出すのが正解です。

あなたの感覚的なものでかまいません。

やる気はまず「10％アップ」だと心がけましょう。

しばらくして、なじんだらさらに10％。また10％……。

このように脳に気づかれないよう、こっそりやる気を出していくことにより、ホメオスタシスの反動を避けることができます。

セルフイメージだけが高くなり、実際の自分は元の場所に取り残されています。そこはもう居心地が悪く、安心感・安全感を得られない場所です。

だからあなたはホメオスタシスの力を使い、新しいセルフイメージに向かってあわてて走り出そうとするのです。

しかしまわりの目には、あなたの姿はこう映っています。

「あいつは努力してるよな」「あの子、最近がんばってるよね」

でも本人には努力している感覚がない。
居心地が悪いから、新しいセルフイメージに必死に逃げ込もうとしているだけ。
今のところにじっとしている方が、努力が必要なのです。

たとえば今、すごくトイレに行きたい。行きたくても行けない状況だとします。しかも人間が耐えうる限度を超えているとしましょう。それが行ってもいい状況になれば、もちろん全速力でトイレに向かいます。

そのときに努力感はありますか？

このじっとできないパワーを使って、大きな物事を達成することができるのです。

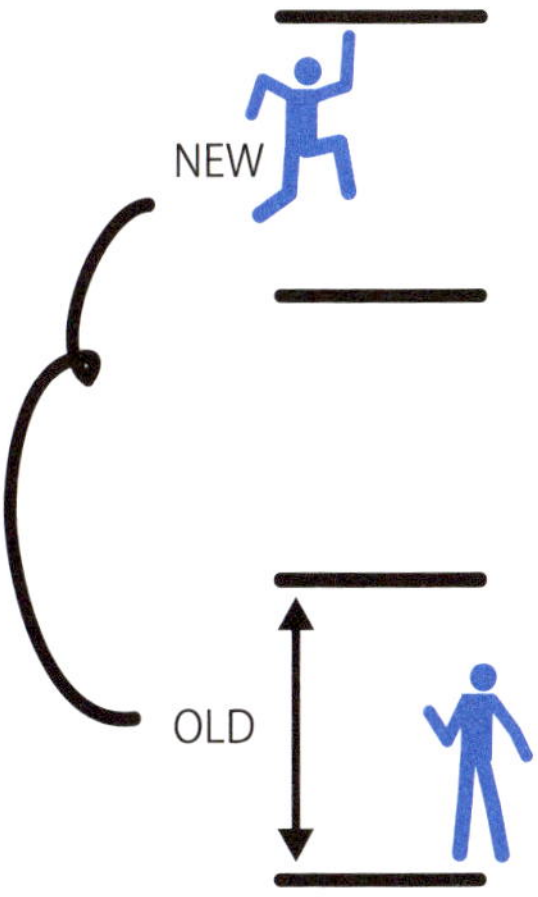

SWITCH OF SPIRIT
WORKSHOP

スコトーマ

見えているようで、ほとんど見えていない。

3つ目は〈スコトーマ〉。これは〝盲点〟のこと。

ぼくたちの大脳はわずか3％しか使われていないそうです。

なぜ3％なのでしょうか？

長い歴史の中で、ぼくたち人間の脳みそは異常なまでに発達してきました。

大脳だけがやたらとでかい。にもかかわらず、大脳にエネルギーを運ぶための消化器系はほかの動物たちとなんら変わりありません。

つまり消費できるエネルギーに対して、大脳はでかすぎるんです。

大脳全体を動かすために必要なエネルギーとはどれくらいでしょうか？

測定した学者によると、なんと原子力発電所1個分だそうです。

そんなのは無理。

だから大脳は3％しか動かしてもらえない。スコトーマ（盲点）を作り、必要なところ以外はブラインドをおろし、使わないようにしているのです。

3％で物事を認識し、あとはすべて記憶に頼っている。

ぼくたちは初対面の人に対し、わずか数秒間で〝この人はこういう人だ〟という認識をします。そして、自分の頭の中にその人の〝アバター〟(※)を作成します。

以後、その人と会って会話をするときは、エネルギーを節約するために、頭の中に作成した〝アバター〟に向かって話しかけることになるのです。


第一印象は書き換えにくく、書き換えるためには数十時間かかるそうです。見た目がすごく大事だと言われている理由がよくわかります。


「うわ！　お母さん急に老けたな」

そんなことはありません。お母さんはじょじょに老けているんです。

ただ毎朝、お母さんを詳細にチェックすることはありません。だからあるとき急に老けたように感じるのです。たとえしょっちゅう会っていたとしても、あなたはずっと「記憶の中のお母さん」に向かって話しかけているのです。

違う角度からみれば、100ある情報のうち97を捨てていると考えられます。

脳はあなたにとって重要度の高い情報だけをキャッチする仕組みになっています。


お花に興味がある人は、玄関に飾られていたお花が気になります。

「見た？　玄関にあったお花！　あれ一輪だけでもけっこう値段するのよね」

「え？　花なんてあった」

「まさか気づかなかったの？　あんなに立派なお花なのに」


脳はその人にとって、重要な情報しか取り入れない。

あとはブラインドをかけている。

自分が妊婦になると、街のいたるところで妊婦を見かけます。

自分が乗っているのと同じ車種の車をよく見かけます。

あるブランドのバッグを買うと、みんながそのバッグを持ちはじめます。


でも、その存在を知らない人には見えていません。

ここから、ここまで。

と、脳は自分にとって必要な範囲のものだけを取り入れます。

その幅の中にあるものが、あなたのセルフイメージにふさわしい情報です。

だから**セルフイメージを変えることで、今までスコトーマだったところがはずれ、今まで見えてなかったものが見えてくる**のです。（それを「引き寄せの法則」と呼ぶ人もいます）

この現象を歌にするとこんな感じです。

♪きれいな指してたーんだねー。知らな、かったよー。

（J－WALK「何も言えなくて…夏」より）

スコトーマがはずれた瞬間「あれ！　いたんだ。きれいな指してたんだ。知らなかった！」

というふうに見え方が変わった。

♪となりにいーつも、いーたなんて、信じられないのさー。

それくらい見えていなかった。でもセルフイメージが変わった瞬間、見えるようになりました。

だからなにかすばらしいものを手に入れたいと思ったとき、はじめから人脈やアイディア、お金や方法を用意する必要はありません。

セルフイメージを書き換えると、スコトーマの位置が変わります。するとあらゆるものが、もう自分の手の中にあることに気づきます。

「そうだ！　いとこに相談しよう。いとこはその道の専門家なんだよ」

「なにそれ？　もっと早く言ってよ」

「今までそんなこと思ったこともなかったから……」

セルフイメージが変わった瞬間、ボンっといとこが出てくるんです。

セルフイメージが変わらないかぎり、自分のまわりを変えようと思ってもなにも変わりません。

不幸になる人は不幸に敏感で、しあわせになる人はしあわせに敏感。自分を変えるのが一番簡単なのです。

※アバター＝インターネット上の仮想空間で動き回る、利用者の分身となるキャラクター。～カナ引きパソコン用語辞典（技術評論社）より

SWITCH OF SPIRIT
WORKSHOP

メンタルブロック

わたしらしさの壁を壊す。起きてほしいことだけを心に描く。

セルフイメージを上げるには、まず自己評価を上げること。

過去の成功体験に、もう一度スポットライトを当てることが大切です。

いろんなことに成功すればするほど、成功体験について語る機会にめぐまれます。成功していく人が、さらにどんどん成功していく理由のひとつです。

普通の人はふだんはなかなか、成功体験を語る機会にはめぐまれません。

そこで思い出してみてください。

SWITCH 3

いままでの人生で誇らしかった出来事はなに？

時間の目安5分

【ひとりで】

1　生まれてから今日までを振り返る。

2　誇らしかった出来事を10個、紙に書く。

3　その中からベスト3を選ぶ。

【ふたり以上で】

1　1〜3までをやる。

2　ひとり、ひとつずつ発表していく。

Best Things

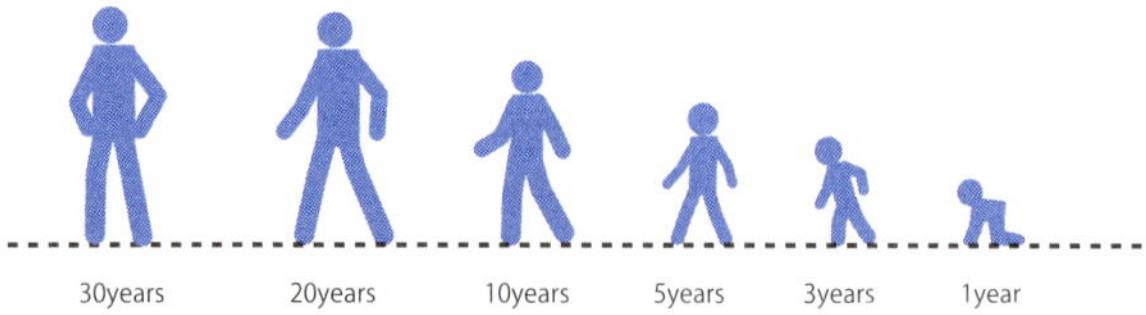

今のあなたは、親、学校、職場など様々な価値観が刷り込まれてできています。

その中にある〝誇らしい出来事〟を再認識することで、自己評価が高まり、セルフイメージが書き換えられていきます。


セルフイメージの幅を決めているもの。

これ以上にもこれ以下にも行かせない壁＝メンタルブロックが存在します。

それはあなたがずっと「それは、もちろんそうだよね」「だってこうなんだもん」と勝手に信じ切っていることです。

その壁を「壁だ」と認識できれば、その壁はもう半分壊れたようなもの。


ここで壁の存在に気づいていただきましょう。

SWITCH 4

かならず成功するなら、なにをしたい？

時間の目安1分

【ひとりで】

1 「かならず成功するならやりたいこと」を紙に書く。

2 「わたしは、わたしが～することを許可します」と言う。

【ふたり以上で】

1 「かならず成功するならやりたいこと」を発表し合う。

2 それぞれ「わたしは、わたしが～することを許可します」と言う。

I allow me to do.

A「かならず儲かるなら、食べ物屋さんをやりたいな」

B「じゃあ、やればいいじゃん」

A「えっ！　絶対無理無理！」

これがメンタルブロックです。

A「かならずブレイクするなら、女優をめざしたい」

B「めざせばいいじゃない」

A「そんなの許してくれないもん。ねえお母さん？」

母「え、わたしは女優になったらいいと思うけど」

A「そうなの？　でもわたし、演技なんてやったことないし」

B「みんな最初はそうでしょ。やってみればいいじゃない」

A「無理だよ、わたしスタイルよくないし」

というのもメンタルブロック。〝自分にはふさわしくない〟という思い込みです。

大前提としてその思い込みがあるから、〝できない理由〟をまわりの現実から一生懸命探し出そうとします。

本当は理由なんてなんでもいい。ひとつの理由がくつがえされたら、また次の理由を探すだけです。

自分以外のものになろうとすると元の位置に引き戻される。
そこにメンタルブロックがあるからです。
ではそれを壊してみましょう。

「今日、仕事が終わったら、あれやってこれやって……」というように人間の脳はつねに言葉を使って思考しています（むしろ言葉を使わずにものを考えるのはむずかしい）。だから新しい言葉を覚えること、しかも素敵な言葉を覚えることは、思考を深める上でとても大事なことです。

同じようにメンタルブロックも言葉によって作られています。

だから言葉に出して、こう言ってみてください。

「ぼくは、ぼくがお店を出すことを、許可する」
「わたしは、わたしが女優になることを、許可する」

理屈ではありません。

許可したときにブロックに穴があくのです。

SWITCH 5

あなたの能力に限界がないとしたら、今年なにを達成したい？

時間の目安1分

【ひとりで】

1　「能力に限界がないとしたら、今年達成したいこと」を紙に書く。

2　「わたしは、わたしが～することを許可します」と言う。

【ふたり以上で】

1　「能力に限界がないとしたら、今年達成したいこと」を発表し合う。

2　それぞれ「わたしは、わたしが～することを許可します」と言う。

A「能力に限界がないとしたら、今年なにを達成したい？」

B「目標１００だった売り上げを２００にする」

A「今までなんで１００だったの？」

B「２００なんて無理だと思ってたから」

という壁があるかぎり、あなたは今より上にも下にも行けません。

メンタルブロックの存在に気づき、許可してください。

それだけのことで、メンタルブロックは確実に壊れはじめていきます。

SWITCH 6

かならずOKをもらえるとしたら、誰になにをお願いしたい？

時間の目安2分

【ひとりで】

1 「かならずOKをもらえるとしたら、誰になにをお願いしたいか」を紙に書く。

2 （いけるかも?!）という想像をしてみる。

【ふたり以上で】

1 「かならずOKをもらえるとしたら、誰になにをお願いしたいか」を発表し合う。

2 聞き役は（いけるかも?!）という想像をして、言葉で伝える。

HELP ME!!

「そりゃもちろん○○さんに○○をお願いできたら最高だけど。わたしの立場じゃ無理に決まってるよ絶対」

これもメンタルブロックです。

もしもその壁さえなければ、あなたは屈託なく、その人にお願いしに行くことができるでしょう。

反対に「ダメに決まってる」と思っている人は、お願いしたとしても、断られるように断られるようにお願いしてしまうものです。

「これはメンタルブロックだ」と認識した上で、お願いしてみましょう。まさかと思っていたけど、本当に引き受けてくれた。そんなことから道が開けることはよくあります。またもし断られたとしてもけっこうです。

行動に移したことにより、すでにセルフイメージが変わっているからです。

心の中に映し出された出来事は、実際に起こりやすくなります。そういう性質が、ぼくたちの心の中にあります。だから起きてほしいことだけを、心の中に描くことが重要です。


「かならず成功するとしたら……」

「能力に限界がないとしたら……」

「その人が絶対協力してくれるとしたら……」

ただ思い描くだけでもいい。その思いが実現するように、現実が勝手に動きはじめてくれるのです。

◇

「できるわけないじゃん！」

からはじまる否定的な言葉が次々と出てきたら、すぐに断ち切りましょう。たとえのぞまなかったとしても、思い描いたこと(頭に映像化したこと)は実現しやすくなるからです。

おすすめは「なーんちゃって」、または「っていうのはウソ！」という言葉を使って断ち切る方法。信じられないかもしれませんが、脳は言葉を使って思考するので、断ち切るためにも言葉が有効です。


あとはイメージを使って断ち切る方法。

自分がまずい現実の中に入り込んだら　ぼくはこんなふうにしています。

その現実が、ぼくを大きなビニールシートのように包んでいます。そのビニールシートに刃物でつーっと切れ目を入れ、その切れ目をかき分け外へぽんと出る。そうやって「新しい現実」の中に入り込みます。


神社でお祓いをしてもらったことはありますか？

バサッバサッとやってもらうと、なぜか気持ちがふっと楽になります。

新しい現実はいつでもはじめられる。

今この瞬間から、自分の人生を作っていけばいい。
そんなふうに、お祓いにもまずい現実をリセットする効果があります。

人生はまるで「続きもののストーリー」であるような気がします。
1話、2話、3話ときたら、4話目は3話の続きからはじめないといけない、と思い込んでいませんか。**人生は過去の続きではありません。**未来から来ているんです。
この時点から新しいストーリーに変えたっていいんです。

会話の途中でなんとなく重い空気になったとき、スッと息を吸って、新しい会話に切り替えてみる。そんなふうに人は誰もが〝その時点〟から新しい現実をはじめられるものなんです。

場を清める方法として、ぼくはこんな方法も実践しています。

これは、あくまでもイメージの話です。
誰かとしゃべっているとき、相手のからだの中に一本の蛍光灯が入っていると想像します。その蛍光灯は「チカチカして古いな」「はしの方が黒くなってきてるな」という状態です。

それをいったん取りはずして、こんどはめちゃ太い、新しい蛍光灯に替えてあげます。完璧のバリッバリの蛍光灯。ぼくはそれを見て「うわあ、まぶしい！」と感じている。そんな自分を客観的に見ます。

そして、その気持ちで、相手と向き合う。

すると、その人が本当にまぶしくなっていくんです。

もうひとつの方法を紹介します。

心が無性にダメなとき。なんか不安だというとき。ぼくはイメージの中で、〝心〟という物体をいったん取り出すことにします。それは中が空洞になっているガラスの玉です。

そして不調の原因をガラス玉に見いだすと、あるときは「クモの巣が張ってる！」、あるときは「赤く腫れてるじゃん！」と診断します。

ただし、その症状の正体や原因がなんなのかは知る必要はありません。

ただひたすら物理的に、キュッキュッキュッキュッキュと磨いてあげる。

あーきれいになった。よかった、と思いながら元にあった場所へ戻すと、現実がすっきり見えています。

SWITCH OF SPIRIT
WORKSHOP

セルフイメージの書き換え①

ぶっ飛んだ夢

ぶっ飛んだ夢。

それはどうやって実現させるのか、方法が全然わからない夢のことです。

どうすれば叶うのか、見当もつかない。けれどワクワクする夢。


ぼくたちには過去があり、今ここにいます。

そしてあるときから、過去の延長線上にあるものばかり選択し続けています。

「方法がわかる」ということは、すでに過去の延長線上にある証拠です。

そこで「どうやってやるのか」は無視して、とにかくやりたいことを思い描いてみましょう。


ぶっ飛んだ夢を持つと、セルフイメージが勝手に動き出します。

セルフイメージが変われば、夢は向こうから勝手にやってきます。

SWITCH 7

あなたの役割はなに？

時間の目安5分

1　あなたの役割をすべて紙に書く。

（例）家では〝お父さん〟、奥さんにとっては〝夫〟、会社にいけば〝課長〟、地元では〝サッカーのコーチ〟、親戚のなかでは〝次男坊〟、お母さんにとっては〝息子〟…という具合に。

2　それぞれの役割について、〝本当にやりたいこと〟を紙に書く。

※なるべく、ふだん「できるわけない！」「やったらまずい！」と思っていることを書いてください。

Who am I ?

息子として、父として、夫として、課長として、コーチとして、そして何者でもないひとりの男として、役割ごとに考えていくと、夢は思いのほかたくさん出てきます。

たとえば〝息子〟として、「母さんが大好きな京都に連れていって、ゆっくりさせてあげたい！」というような思いが出てきたりします。「でもそんなのお金はどうすんの？」「休みだってそう簡単にはとれないよ」「だいたいお母さんは、今、足が悪いし」そういう諸条件はまずどうでもいい。

夢を考えるよりも、おすすめなのは「妄想する」ことです。

妄想は、制限をはずした状態で現れる思いの形。

「わたし、恋するんだー」

「え！　ダンナさんは、どうすんの？」

「妄想、妄想♪」

そんな気分で。

ぼくたちは「そんなことしちゃダメに決まってる」「そんなことを考えるなんて常識はずれだ」といったタブーを抱えながら生きています。たとえば愛するダンナさんがいたとしても、「新しい彼氏ができた」という妄想をしてみてください。新しい彼氏ができたら、絶対連れていってほしいなと思う場所が思い浮かびます。イルミネーションがめちゃきれいで、そのときに着ていきたい洋服があって、こんな会話をして、こんな素敵なホテルに泊まって、とその瞬間、感情があふれてきます。

このときわかるのは、あなたが手に入れたいのは新しい彼氏ではなく、〝この感情〟だということです。

その感情のトビラを開けないと、その向こうにあるトビラの存在に気づけません。手前のトビラはタブーです。でもそのタブーを「妄想」の力を使うことよってスキップすることができます。

欲求の制限をはずすために、ふだんから妄想するくせをつけてください。

ここまでの話をおさらいします。

ぼくたちには今、何億通りか、それ以上の選択肢があります。
でも過去に縛られています。

「うまくいったこと」「まあまあだったこと」「ダメだったこと」の中から「ダメだったこと」は選択肢から排除し、「うまくいったこと」「まあまあだったこと」だけを選び続けています。

ある選択をした。それは本人にとっては大きな決断だったかもしれない。が、それでもやっぱり過去の延長線上にいることには変わりありません。

そんな選択をくり返していくと、どうなるか？

あの人たちほどすごくはないけど、あの人たちほどひどくはない。だいたい自分はこの程度だという見切りがついてきます。

そしてどんなにがんばっても、手を抜いたとしても、自分は過去の延長上にいることに気づく。だから、**だんだん選択すらしなくなっていきます。**

ではどうすれば、過去の呪縛から逃れることができるのでしょうか？


あなたの選択には幅があります。

その幅はあなたのセルフイメージが作り出した幅です。

「わたし、なにをやってもこうなるの」

「だって、そうなるようにしか選択してないじゃない」

「うるさいわね！　そんなことないわよ」

と、わかっていても、どうすることもできない。それほどセルフイメージは変わりにくい。


なぜか？

あなたが変わりたいと思っても、あなたの潜在意識が変化を嫌っているからです。

目標がないわけじゃない。

「現状維持」が目標になっているのです。

だからあなたは、あなたのことを変える必要がありません。

そんな条件の中、自分を変えるにはどうしたらいいか。

方法すらわからない。今までおそれおおくて、考えてみたこともなかった。

そんなぶっ飛んだ夢を持ったとたん、セルフイメージはグーンと動きはじめます。

グーンと動くんですが、だいたい翌日から3日目くらいにホメオスタシスが働き、「なんであんなこと言っちゃったんだろう」と思うことになります。

でも、気を落とさないでくださいね。

あなたは「ホメッてる」だけです。

（その対処法については、46～47ページでお話したとおりです）

SWITCH 8

あなたにとっての〝ぶっ飛んだ夢〟はなに？

時間の目安ひとり３分

【ひとりで】

このワークはひとりではできません。

【ふたり以上で】

1. 方法すらわからない、ぶっ飛んだ夢を話す。
2. 聞き手はまるで目の前で奇跡が起きているような、おどろきの目、耳、心で聞く。
3. さらに聞き手は、その人が「ぶっ飛んだ夢」をどのように実現しているか、想像する。
4. 想像したことを、たっぷり伝えてあげる。

BIG DREAM

ぶっ飛んだ夢を語るAさん。

Aさんがその夢を叶えようとすれば、Aさんなりの「あれはどうしよう?」「これがある以上無理だ」といった諸事情があります。そのせいで、夢が叶った先の想像が広がっていきません。

ところがBさん、Cさんは、Aさんの諸事情を知りません。

勝手に想像して、勝手に伝えるだけです。だからAさんよりもはるかにぶっ飛んだ想像をして、伝えることができるんです。

他人の知恵ではなく、他人の想像力を借りる。これが重要です。

そのときは気にも留めなかったBさん、Cさんの言葉が、すでにあなたの夢に影響を与えているかもしれません。

ぶっ飛んだ夢を見て、そのあとどうするか?

能力開発の世界的権威であるルー・タイスさんがいつもおっしゃっているのは

「ゴールが先。ハウは後」「ゴールが先。認識は後」

です。

ぶっ飛んだ夢が先で、やり方は後でいい。やり方とは過去のもので、やり方に縛られてはいけないのです。

ゴールがあって、やり方がわからない。

でもセルフイメージが変わり、スコトーマがはずれれば、やり方は向こうからやってきます。

SWITCH OF SPIRIT
WORKSHOP

セルフイメージの書き換え②

成功する鳥は群れをなして飛ぶ

成功する鳥は群れをなして飛ぶ。誰を知っているか？　どのグループに飛び込むか？

どの分野でも同じです。成功する鳥は群れをなして飛びます。

彼らはあなたのセルフイメージよりも高いところにいます。成功する人たちは全体から見るとごく一部ですが、成功した人たちは群れをなして生きています。だから**大事なのはノウハウ（know-how）ではなくノウフー（know-who）。「どうやってやるか？」よりも「誰を知っているか？」なんです。**

すごい人たちの群れの中に飛び込んでみましょう。

するとなにが起こるか？

ホメオスタシスは強い方に同調する癖があります。

友だちと同居生活している女の子は、ファッションや言葉遣いはもちろん、生理のタイミングまでより元気な女の子の方に同調していきます。

強い人たち（憧れの人たち）の中にいると同調し、自動的にセルフイメージの書き換えが行われるのです。

自己認識の大きい人に、小さい人が同調します。心の中で自分を巨人のように思っている人には、ものすごい数の人たちが同調していきます。

あなたが憧れる人たちの中に入れば、あなたはまわりに同調していきます。相手は成功し、輝いている人たちです。当然、自己認識はでかいです。そこにものすごい勢いでセルフイメージを同調させていくんです。

ところがあなたはコンフォートゾーン、つまり心地よい場所から出てしまっています。しかもスコトーマ（盲点）の位置も違うから、持っている情報が違い、会話の内容についていけません。会話を右、左と追うだけで、まるでテニスの試合を見ているよう。家に帰ってきたら、無理に笑っていたせいで顔がひきつって痛いくらい。家族から「どうだった？」と聞かれる。あなたは「いや、あの人たちといると疲れるわ。なに話してるのかわからないし。家に帰ってくるとほっとする」。

それでも、そんな場所に足しげく通っているといつしかホメオスタシスが同調し、コンフォートゾーンがずれる。そしてそこが心地よい場所に変わっていきます。

その人たちの口癖がうつるスピードで、セルフイメージもうつっていくのです。

SWITCH 9

あなたが気にする10人は誰？

時間の目安3分

【ひとりで】

1　あなたが新しいことに挑戦するときのことを想像する。

2　そのとき顔色が気になる人（伝えたくなる人、意見を聞きたくなる人、あまり知られたくない人など）を10人思い浮かべる。

3　その10人の名前を紙に書く。

【ふたり以上で】

ひとりでけっこうです。

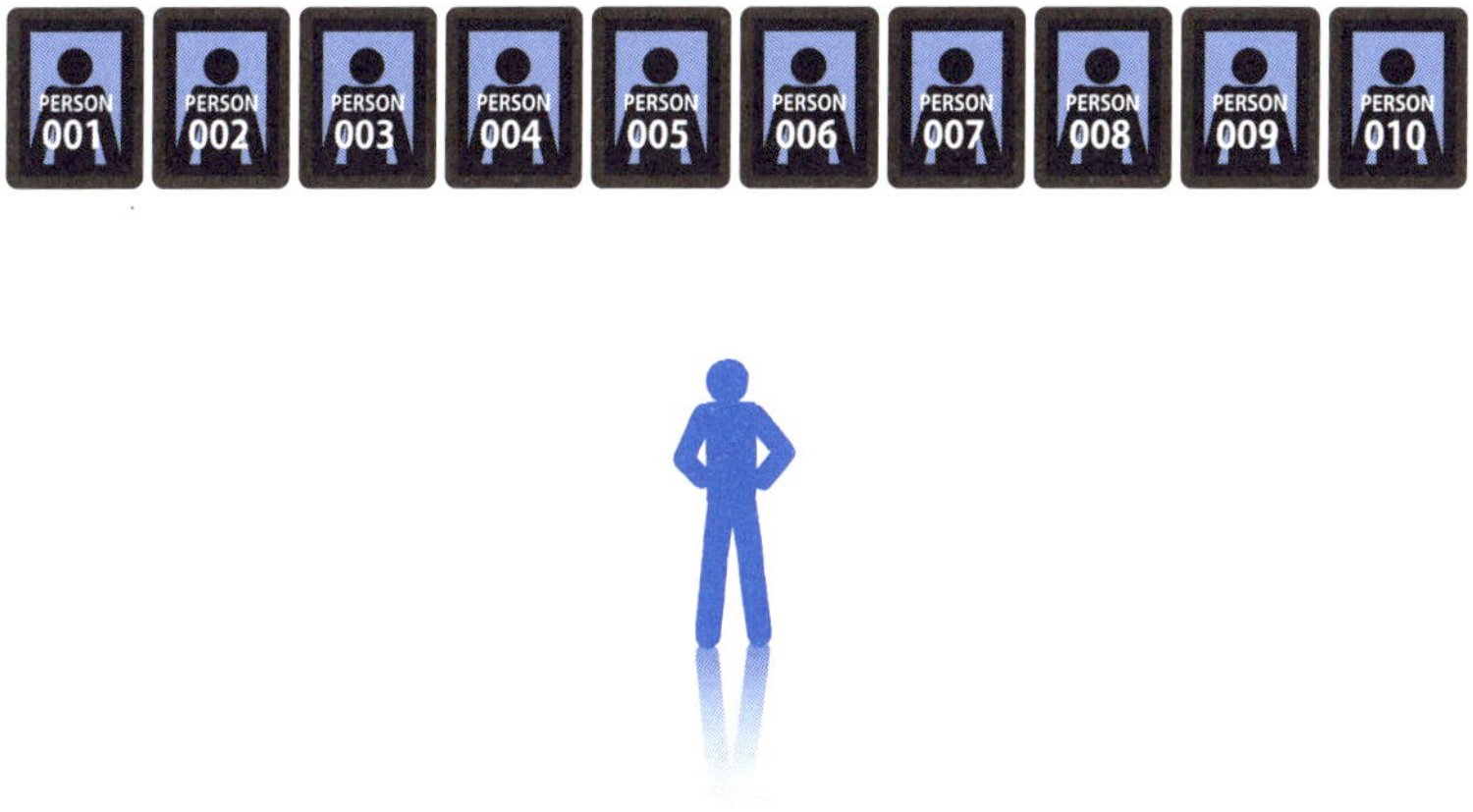
PERSON 001
PERSON 002
PERSON 003
PERSON 004
PERSON 005
PERSON 006
PERSON 007
PERSON 008
PERSON 009
PERSON 010

この10人は、あなたのセルフイメージを作っている人たちです。

その10人の平均年収が、あなたの5年後10年後の年収になります。

さらにその10人の人生の価値観を平均したものが、5年後10年後のあなたの人生の価値観になります。


いかがでしょうか？

WORK

10

もう一度聞きます。
あなたが気にする10人は誰？

時間の目安1分

はじめに書いた10人と違いますね？

〈ワーク9〉は今のあなたのセルフイメージを作っている人たち、〈ワーク10〉はあなたの新しいセルフイメージを作ってくれる人たちです。

やっかいなことに**集団意識にもホメオスタシスが働いています。**

集団から抜けようとすれば、まわりが止めに入ります。

「おれ、ロックスターになるわ！」

ところが家族とバンド仲間は「やめとけ！　東京なんかに出てもダメだ。今までどおりここにいろ」と反対する。

彼らのことが気になるかもしれません。でも彼らは、あなたのセルフイメージが上がったあとに一緒に連れていってあげればいいんです。

まずはあなたがそこから抜け出さないといけません。

あなたが「(新たに) 顔色を気にする10人」を意識してください。

スケジュールがいっぱいでも、この人たちと会うことを優先させてください。時間が空いたらなるべく会うべきです。

会えば会うほどホメオスタシスが同調し、セルフイメージが書き換わるはずです。

ただしこの10人と会い続けていても、あなたは「そのうちの誰か」にはなれません。

同調はできても、同一化はできない。

そこで彼らの共通点を抜き出してみてください。

あの人たちはいつでも明るい、気くばりができる、なんでも素直に聞くなど。

それらをすべて併せ持った「11人目の憧れる人」をイメージの中で作り上げることで、

あなたはその**11人目に同調し、同一化する**のです。

◇

あたかもうそのことが叶ったかのごとく生きる。

叶うまで、なったふりをして生きる。


「すでにそうなった自分」を演じ、「すでにそうなった自分」として振る舞う。

「すでにそうなった自分」の頭で判断し、発想し、移動し、人と会います。

そんな生活を続けながら、「すでにそうなった自分」になじんでいきます。


また、憧れている人たちが聞くもの、触れるもの、食べるものに慣れ親しむのもよい方法です。


その人たちがよくいる場所に行き、意図的にその空気を吸うのです。

一流ホテルのロビーに居座り続けるものいい。三ツ星レストランで食事をするのもいい。

ファーストクラスに乗ったり、スイートに泊まったりしてもいい。

やがて〝大いなる勘違い〟が成立し、セルフイメージがぐっと高まり、あなたは自分が
そうじゃないことに対して居心地が悪くなります。

だからやる気が自然にわいてくるのです。

SWITCH 11

いままでの人生で ひどかった出来事はなに？

時間の目安5分

【ひとりで】

1　生まれてから今日までを振り返る。

2　特にひどかった出来事を10個、紙に書く。

3　その中からワースト3を選ぶ。

4　（苦痛を思い出すことなく）その状況からどうやって抜け出したか、紙に書く。

【ふたり以上で】

ひとりでけっこうです。

Bad Things

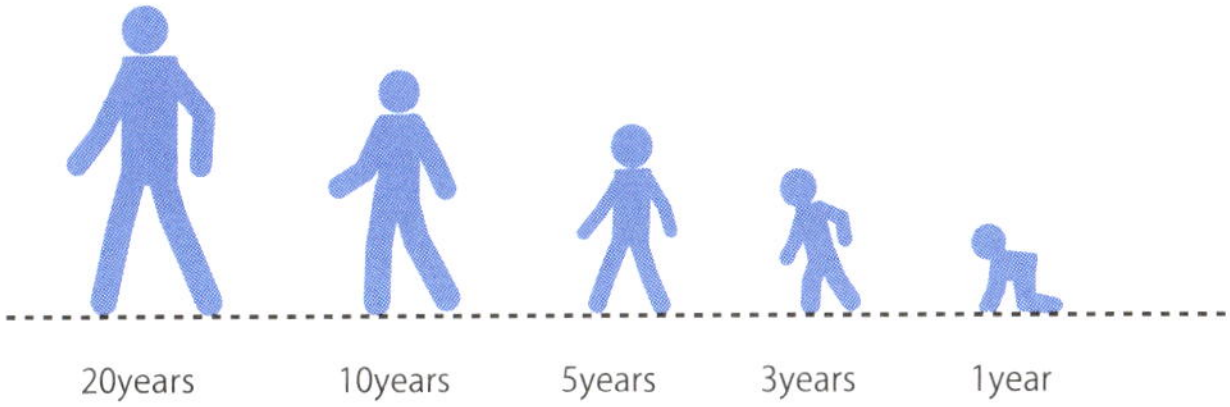

人生の最悪な出来事なんて、思い出したくもありません。

ほとんどの人はフタをしています。ところがそんな**最悪な出来事から立ち直り、今、普通に生活しているということは、その状況から抜け出す方法を知っているということ**です。思い出したくないから、その方法も一緒に葬っています。それを書き出してください。苦痛を感じる必要はありません。そこからどうやって抜け出したか。それだけを思い出してほしいのです。

チャレンジはしてみたい。

でもチャレンジしたことによって「大変なことが起きてしまったらどうしよう?」という恐怖心がつきまといます。

でも本当は、たとえそんなひどい状況になったとしても、あなたにはそこから抜け出せる力がすでに備わっているのです。

人生はトライ＆エラーの連続です。

小さなエラーをいくつもいくつもくり返していれば、いつかやってくるかもしれない大きなエラーを避けることができます。

人生最大のリスクは、なにもしないことです。失敗体験が少ないために失敗を恐れ、チャレンジできないまま年を重ねることです。

痛みや恐怖はひとまずおいて、そこから抜け出した方法を思い出してください。

そうすれば「ぶっ飛んだ夢」に向かうのも怖くない。

あなたはあれほどの苦難を乗り越えられたのですから大丈夫です。

SWITCH

12

誰にどんな感謝をする？

時間の目安1分

1 「ぶっ飛んだ夢」がもしも叶ったときのことを想像する。

2 そのとき感謝したい人たちの名前と、感謝の言葉を紙に書く。

3 感謝を伝えたときのことを想像する。

4 そのときわき上がる感情を紙に書く。

リアルに思い描くほど、その目標は達成しやすくなります。

そのためには、「達成したときに得られる感情」を先取りすることです。
それはどんな感情でしょうか?
達成した瞬間の突き上がってくるような喜び。それも重要です。
でももっと重要なのは、その歓喜の嵐が過ぎたあとにあふれる感謝の気持ちです。
その感謝の気持ちまで先取りすることができれば、イメージは完成です。

誰に、どんなふうに感謝をしますか?
そのとき、どんな言葉が返ってくるでしょうか?
その言葉をもらったとき、あなたの心にはどんな感情がわき上がりますか?

SWITCH

13

なにをすべき？

時間の目安5分

1 「いまめざしていること」を紙に書く

2 「なにがうまくいっているか」を紙に書く。

3 「なにがうまくいっていないか」を紙に書く。

4 「だからなにをすべきか」を紙に書く。

「こうするべきだ」という〝ティーチング〟に対して、その人の中から答えを導く〝コーチング〟があります。

それは本人の口から出てきた答えなので、自発的に行動に移す最高のきっかけとなります。

また自分が自分に質問することでも、自然に答えが生まれ、今なにをすべきかハッキリさせることができます。

この方法のすばらしいところは、自分を責めることなく、前に進む力を手に入れられることです。

ぼくは苫米地英人先生から多大なる影響を受けています。

以前、先生とお会いしたとき、こんな話を聞かせていただきました。

「(進化論を唱えた)ダーウィンは間違ってるんだ。ダーウィンは『鳥のくちばしは、より餌が食べやすくなるようにだんだん進化した』と言ったけど、それは進化じゃなくて、過去の最適化なんだよ。過去にダメだったことを、ただ排除していった。ただ選択肢を減らしただけ。本当の進化っていうのは、まさに魚が陸に上がった瞬間なんだ」

最初はまず、魚の中の1匹が「ちょっと、陸に上がってみない？」と思った。

まわりの魚は「あ？　おれらエラ呼吸だぞ？　できるわけないだろ」と相手にしない。水の中は快適で敵からも逃げやすい。餌もたくさんある。一方で水の外は呼吸も苦しく、身動きもとれず危険だ。

でも1匹の魚は陸に上がりたいという意思を持ち続けた。

「ゴールが先、ハウは後だーーーーー！」

とチャレンジをくり返す。

もう1回行ってみよう、うーんもう1回。もう1回、とやっているうちに両生類になったやつがいるんです。

木の上で生活していたサルもそうです。一匹が「なんか下が気になる」と言い出した。まわりはあわてて「なに言ってんだ。食べ物もなさそうだし、危険なやつがウロウロしてるからやめとけ！」「でも気になる」と思い切って下に降りたやつが、ぼくたち人間になったんですよね。

それが進化だ、と先生は教えてくれました。

ぼくたちにとっての最大のネガティブな思い込み。
それは「自分は神様じゃない」というものです。

〝思ったことが叶う〟なんてありえない。
だって、神様じゃないんだから。

でもちっちゃな夢でもいい。はみ出した夢でもいい。
「ゴールが先、ハウが後」の気持ちで、自分でも〝まさか〟と思うようなぶっ飛んだ夢を持ってみてください。

やる気のスイッチは、どこにでもあって、いつでも押すことができます。

あなたの夢がひとつでも叶ったとき、そんな神様の気持ちが少しだけわかるかもしれません。

今日はぶっ飛んだ夢を考えよう。
凄いことはアッサリ起きるから。

答えはすべてあなたの中にある。

変化が起こるときはいつも一瞬だ。
心に描いた瞬間、未来は変わりはじめている。

新しい現実はいつでもはじめられる。
ぼくたちの心は、未来のために生きている。

すべてはうまくいっている。
すべては「わざわざ」起きている。
起きていることはすべてベストなんだ。

目の前の現実を信頼しよう。
そうすれば現実がこたえてくれる。

望んだものは、すでに存在する。
意識した瞬間、それらはすべてはっきり見える。

自由になるのもあなた。幸福になるのもあなた。

居ても立っても居られない。
夢しかやってこないから。

ぶっ飛んでみよう。

広がる心は、神の心だ。

50

50
YOU CAN MAKE IT.

『やる気のスイッチ！ 実践セミナー』参考文献

『メンタル・マネージメント―勝つことの秘訣』
ラニー・バッシャム／藤井優著　メンタル・マネージメント・インスティチュート刊

『自分を変える魔法の「口ぐせ」―夢がかなう言葉の法則』
佐藤富雄著　かんき出版刊

『グチるな社員 前を向こう！―いい仕事をする考え方と行動の仕方』
佐藤芳直著　中経出版刊

『心のブレーキの外し方』
石井裕之著　フォレスト出版刊

『頭の回転が50倍速くなる脳の作り方』
苫米地英人著　フォレスト出版刊

『すごい会議』
大橋禅太郎著　大和書房刊

『クオリア入門―心が脳を感じるとき』
茂木健一郎著　ちくま学芸文庫刊

『幸運を呼びよせる朝の習慣』
佐藤伝著　中経出版刊

『最高の人生を引き寄せる法―可能性の扉を開く7つの鍵』
クリス岡崎著　こう書房刊

野口嘉則公式ブログ「幸せ成功力を高めよう」
http://coaching.livedoor.biz/

本書を執筆する上で、以上の書籍・サイトを参考にさせていただきました。
この場を借りて、厚くお礼申し上げます。

山﨑拓巳

Takumi Yamazaki

1965年三重県生まれ。広島大学教育学部中退。22歳で有限会社たくを設立し、現在は3社を運営。「凄いことはアッサリ起きる」－夢－実現プロデューサーとして"メンタルマネジメント""コミュニケーション術""リーダーシップ論"など多ジャンルにわたって講演活動中。並外れた話術とカリスマ性、斬新なビジネス理論で、男女を問わず多くの人々を魅了している。

著書には20万部突破のベストセラーとなった『やる気のスイッチ！』をはじめ、『人生のプロジェクト』『気くばりのツボ』『見えないチカラを味方につけるコツ』（いずれもサンクチュアリ出版）など。累計部数は110万部を突破。代表作『やる気のスイッチ！』は、英語版『SHIFT』として全米で刊行。他にも北京語、ハングル語、アラビア語などに翻訳され、広く海外で出版されている。

ピクチャーエッセイ

『人生はかなりピクニック』

著　山﨑拓巳

人生を「もっと豊かに」「もっと楽しく」「もっと自由に」と本気で思っている人だけにこっそり教える49のハッピーマジック。読んだその日から誰でもすぐに使えます。

ヤマザキタクミのデビュー作。
あなたと、あなたの周りを幸せにする49のヒント。

定価 1260円(税込)　ISBN978-4-921132-13-2

書き込み&実践ワークブック

『魔法のドリル』

案内人　山﨑拓巳

49の設問に答えていくうちに、だんだん「本当の自分」が見えてくる不思議な不思議なドリル。読み終わると同時に、スムーズに目標達成できる魔法があなたのものに。

書いてワクワク。読んで納得。
書き始めたら止まらない！　自分探しと49の魔法。

定価 1260円(税込)　ISBN978-4-921132-62-0

メンタルマネジメント

『めんまじ』

著　山﨑拓巳

プレッシャーをはね返し、成功を導き出す法則“メンタルマネージメント”をやさしく解説。一見するとコミカルな絵本でありながら、問題解決のノウハウがぎっしり。

「自分のココロ」とのつき合い方が上手になる本。

定価 1260円(税込)　ISBN978-4-921132-60-6

成功哲学

『ポケット成功術』

著　山﨑拓巳

人生の快進撃を続ける著者の成功哲学が1冊の本に。ライブ感たっぷりの文章と、親しみあるイラストが、成功のコツを“理論”ではなく“イメージ”で語ってくれる。

凄いことってアッサリ起きていいよね。
目からウロコの大人気講演が21の成功哲学に凝縮。

定価 1260円(税込)　ISBN978-4-921132-16-3

山﨑拓巳の本　Takumi Yamazaki Books

メンタルマネジメントの決定版

『やる気のスイッチ!』

著　山﨑拓巳

大事なときになぜやる気が出ないのか。やると決めたのに、なぜそのやる気が続かないのか。意欲と行動の関係をやさしく解説しつつ、ふだんから実践できるメソッドを紹介する。

昨日のやる気を、今日出せない人へ
成功者たちは“やる気のスイッチ”を持っている。

定価 1470円（税込）　ISBN978-4-86113-926-0

ビジネス理論

『人生のプロジェクト』

著　山﨑拓巳／**企画**　佐藤大吾（株）ヒューマンデザインオーソリティ代表

毎日を楽しむためには、目標達成までの「期限」を決めてしまうことだ。期限が決まれば予定が組める。予定が決まれば今やるべきことが見えてくる。夢をかなえるまでのプロセスは単純だ。

なぜ、きみは忙しいのか？ バタバタしたり、遠回りしたりせず、
“やりたいこと”を最速で実現させるための方法と考え方。

定価 1470円（税込）　ISBN978-4-86113-913-0

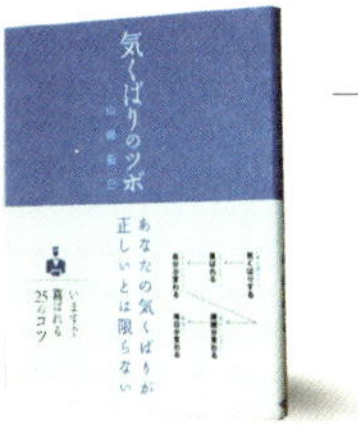

コミュニケーションの実践本

『気くばりのツボ』

著　山﨑拓巳

今よりも出会いのチャンスを増やし、「ただの知り合い」を「大切な仲間」に変えていくために役立つ気くばり入門書。読み込むほどに、みんなと会えることが楽しみになる。

あなたの気くばりが正しいとは限らない。
いますぐみんなに喜ばれる25のコミュニケーション術。

定価 1260円（税込）　ISBN978-4-86113-005-2

お付き合いのマナーとコツ

『五つ星のお付き合い』

著　山﨑拓巳

周囲にいるみんなとの“お付き合い”を長くつづけ、太くしていくためのノウハウを、具体的な会話例を交えながらやさしく解説。お付き合いのやり方を変えると、人生は驚くほど楽しくなっていく。

大人になると、お付き合いの仕方は誰も教えてくれない。
一流の人たちが実践している、ひと手間くわえたコミュニケーション術。

定価 1260円（税込）　ISBN978-4-86113-901-7

やる気のスイッチ！ 実践セミナー

2010年 4 月15日　初版発行
2016年11月 1 日　第3刷発行

著者　山﨑拓巳

写真　大脇崇
デザイン／イラスト　井上新八

発行者　鶴巻謙介
発行所　サンクチュアリ出版

〒151-0051
東京都渋谷区千駄ヶ谷2-38-1
TEL 03-5775-5192 ／ FAX 03-5775-5193
URL：http://www.sanctuarybooks.jp/
E-mail：info@sanctuarybooks.jp

印刷・製本　中央精版印刷株式会社

PRINTED IN JAPAN
定価およびISBNコードはカバーに表示してあります。落丁本・乱丁本はサンクチュアリ出版までお送りください。送料小社負担にてお取り替えいたします。

※この本に掲載されている英語表記はすべてビジュアル素材です。正しい英語とは限りませんのでご了承ください

JASRAC　出　1002778-001